SILVIA MAGNANI

LA VOCE, IL CANTO

Come Tenere la Propria Voce in Forma e Salute, dall'Energia del Respiro all'Uso Corretto delle Corde Vocali

Titolo

"LA VOCE, IL CANTO"

Autore

Silvia Magnani

Editore

Bruno Editore

Sito internet

www.brunoeditore.it

Sommario

Introduzione

Sapere come nasce la voce non è superfluo se il tuo lavoro, o anche solo la tua passione, è utilizzarla per cantare. Probabilmente avrai già letto molti libri e il tuo insegnante ti avrà parlato di come devi respirare, stare in piedi, usare le corde vocali. Questo ebook non intende sostituire la relazione col maestro, né la lettura di testi più approfonditi. È un piccolo breviario da consultare rapidamente e dal quale trarre informazioni preziose, non per cantare l'uno o l'altro genere musicale ma per rimanere sano e difendere la tua voce qualunque sia il genere che canti.

Cantare è un fatto naturale ma ciò non significa che la spontaneità deve trasformarsi in improvvisazione. Nulla nell'arte nasce se non dallo studio e dall'applicazione quotidiana. Negli esercizi che ti presento ti guiderò alla conoscenza del tuo strumento. Non stancarti, se non comprendi qualche indicazione non eseguire senza la supervisione del tuo maestro, esprimi a lui ogni tuo dubbio, usa prudenza e ascolta il tuo corpo in ogni momento.

CAPITOLO 1:
Come abitare lo spazio

La prima cosa che devi comprendere è che ogni volta che usi la voce stai innanzitutto abitando uno spazio. Non è indifferente dove ti trovi e in che posizione sei quando canti. La voce, dovuta alla messa in vibrazione dell'aria che espiriamo, non esisterebbe senza il corpo, l'intero corpo, dai piedi alla sommità del capo. Ti invito a pensare al corpo come alla *struttura portante* della tua voce. Senza un sostegno saldo, la tua voce non potrebbe proiettarsi nello spazio, riempiere la sala, giungere all'ascoltatore.

SEGRETO n. 1: il corpo è la struttura portante della voce, non è possibile cantare correttamente se non si possiede un ottimo controllo del corpo e del suo atteggiamento nello spazio.

Vediamo meglio cosa significa un "corpo struttura portante". L'espressione si riferisce essenzialmente a tre compiti che il corpo deve assolvere per fare da trampolino di lancio alla voce: *stare* nello spazio, *allinearsi* nello spazio, *abitare* lo spazio. Vediamo insieme cosa si intende con ciascuna di queste espressioni e come fare per raggiungere una buona competenza corporea.

Stare nello spazio

Con questa espressione intendo "radicarsi", ovvero prendere un saldo e profondo contatto con il suolo. L'immagine che posso suggerirti, se vuoi comprendere bene questo concetto, è quella del tiratore con l'arco. Solo se sei ben saldo, in profonda unione col terreno, puoi tendere l'arco al massimo della sua curvatura e lanciare la freccia verso il bersaglio. La tua freccia è la voce, il tuo arco è l'organo fonatorio, il corpo è l'arciere.

Ma com'è possibile radicarsi? Innanzi tutto rinuncia a scarpe che falsano il tuo rapporto con il suolo. Tu devi "sentire" il pavimento sotto di te. Niente zeppe, tacchi alti, scarpe strette che strizzano il piede rendendolo simile a uno zoccolo. Preparati a cantare, se appena puoi, calzando una scarpa comoda, dalla pianta abbastanza ampia, con un tacco che non superi i cinque centimetri. Cerca un buon appoggio, distribuisci il peso su tutto il piede, sulle dita come sul tallone. Equilibrati poi in modo che entrambe le gambe ti sostengano. Non privilegiarne una. Inevitabilmente la tua schiena si arcuerebbe e il bacino non potrebbe reggere correttamente il peso della colonna vertebrale.

SEGRETO n. 2: ogni asimmetria nello scarico a terra del peso corporeo produce uno sforzo inutile, un disequilibrio che poi si dovrà compensare mentre si canta. Quando si è in scena non è economico preoccuparsi *anche* di stare in piedi, si deve pensare solo alla voce.

Come puoi facilitarti il compito, così da non dover pensare troppo a come stai in piedi e far sì che il tuo corpo prenda, automaticamente, un buon contatto col terreno? Non è difficile, vediamo insieme come possiamo arrivarci.

Innanzi tutto favorisci, in ogni occasione, un rapporto sano con il suolo. Approfitta dell'estate per camminare a piedi nudi, meglio sulla sabbia o su un prato morbido. Abituati a sentire il tuo piede in ogni sua parte: le dita che si allargano, per migliorare la presa, il tallone che affonda e ti dà, successivamente, lo slancio per il nuovo passo. In casa non utilizzare ciabatte troppo ampie che ti obbligano a trascinare il piede. Metti, se puoi, calze antisdrucciolo. I muscoli del piede ne trarranno beneficio.

Se non puoi fare qualche sana camminata, fai un po' di ginnastica. Utilizza i cilindri fisioterapici di legno scanalato per stimolare la pianta del piede. Siediti su una sedia, appoggia il piede nudo sul cilindro, fallo scorrere sopra, massaggiandoti col solo movimento della caviglia.

Infine, preparandoti a cantare, rimani qualche minuto scalzo su un tappeto un po' ruvido o su una moquette a pelo alto. Immagina di essere su una spiaggia. Muovi le dita come a scavare una piccola buca, allargale il più possibile. Ora fai il movimento opposto, come se dovessi colmare il buco con la sabbia che hai asportato. Sentirai attivarsi anche la muscolatura del polpaccio.

Allinearsi

Cosa s'intende per allineamento? L'allineamento è il modo in cui mi pongo in posizione verticale, in altre parole il modo in cui "sto in piedi".

Qual è l'allineamento migliore per il cantante? Immagina una verticale che cada dal soffitto, allineati a essa, fai cioè corrispondere la tua colonna vertebrale alla sua direzione. Sei correttamente allineato quando la verticale immaginaria fuoriesce dalla tua testa a livello della fontanella di vertice. Cos'è la fontanella di vertice? È la zona del cranio nel quale le due ossa parietali si uniscono all'osso occipitale. Passa un dito sulla sommità della tua testa. Sentirai una piccola fossetta proprio lì. Quando sei allineato in vertice il tuo orizzonte visivo è ampio, la mandibola è rilassata, le cavità di risonanza sono al massimo della loro ampiezza.

SEGRETO n. 3: la massima resa della voce cantata si ottiene quando il corpo è correttamente allineato in vertice, solo così la bocca può aprirsi senza sforzo ed è possibile ottenere la migliore amplificazione della voce.

Ora qualche esercizio per allinearsi correttamente. Se puoi segui le indicazioni che ti darò a piedi scalzi e a occhi chiusi. Non cadrai, anzi una piacevole sensazione di sicurezza nascerà man mano che affronterai le diverse tappe.

Esercizio 1: Bene radicato al pavimento, dopo aver fatto un'adeguata stimolazione della pianta del piede, assicurati che tallone e dita siano entrambi appoggiati. Ora porta tutto il tuo peso in avanti, scaricalo sulle dita, ma senza sollevare il tallone. Oscilla verso destra, libera dal peso il piede sinistro (senza mai perdere il contatto col pavimento), scarica sul solo avampiede destro. Ora portati lievemente all'indietro. Scarica su tallone e avampiede destro. Poi solo sul tallone destro. Retroponiti del tutto, pesa su entrambi i talloni, poi solo sul sinistro, poi su tutto il piede sinistro, infine sul solo avampiede sinistro sino a riposizionarti su entrambi gli avampiedi. Ricomincia da capo. A occhi chiusi effettua l'esercizio lentamente, scaricando il peso da una zona all'altra metodicamente, compiendo un'oscillazione circolare.

Ascolta tutte le sensazioni che il tuo corpo ti dà. Chiediti quale posizione ti pare più naturale, quale più difficile da mantenere, in quale situazione ti sembra di essere più stabile, se le due gambe e i due piedi rispondono in modo uguale alle sollecitazioni.

Esercizio 2: A partire dalla medesima posizione di corretto scarico del peso su entrambi i piedi, oscilla in avanti e vai a portarti sulla dita (tieni i talloni incollati al pavimento). Ascolta le sensazioni che ti vengono dal corpo. Le ginocchia si irrigidiscono, i polpacci si contraggono. Sulla schiena avverti come una morsa. Ora fai il contrario. Con le dita bene appoggiate al pavimento, appoggiati sui talloni. Le ginocchia si fissano, la coscia, davanti, è indurita. Senti una trazione sull'addome. Oscilla così, tra le due posizioni estreme, paragonando le sensazioni che una ti dà con quelle generate dal suo opposto.

Esercizio 3: A gambe lievemente divaricate, vai a scaricare il tuo peso solo sul piede destro. Mantieni il sinistro appoggiato al suolo. Senti come la colonna vertebrale asseconda il movimento curvandosi. Ora fai il contrario, scarica a sinistra. Paragona le due posizioni, le sensazioni che ti danno. Segui i movimenti delle braccia, senti la mano scivolare in basso lungo la coscia del lato su cui ti stai appoggiando. Senti la testa inclinarsi leggermente nella stessa direzione, avverti la fatica della muscolatura del collo che cerca di mantenere il tuo capo in asse. Non arrivare a provare dolore alla schiena o alle spalle. Fai movimenti molto delicati.

Basta che tu avverta come a una semplice inclinazione tutto il corpo risponde, armonicamente.

Esercizio 4: Ripeti ora ciascun esercizio. Giungi a una posizione di disequilibrio, però non sbilanciarti eccessivamente. Ascolta le sensazioni che schiena e gambe ti danno. Poi riduci il tuo spostamento, oscilla in modo sempre meno evidente. Immagina di essere un pendolo che deve trovare la propria stabilità. Muoviti intorno alla tua verticale immaginaria. Riduci man mano il movimento sino a fermarti quando ti parrà che le sensazioni provenienti dalle diverse parti del corpo si equiparano. Le ginocchia sono salde, né tese né rigide. La contrattura della coscia equilibra quella del polpaccio. Le due mani sfiorano le gambe alla medesima altezza. I due piedi sono ugualmente ancorati al terreno. Hai trovato il tuo allineamento!

Ciò che ti raccomando nell'eseguire gli esercizi è di non forzare. Non arrivare a sbilanciarti, non rischiare di perdere l'equilibrio. Gli esercizi servono a insegnarti ad ascoltare il tuo corpo, a capire come esso reagisce a piccole modificazioni della sua posizione nello spazio. Movimenti minimi insegnano più di ampi spostamenti. È l'ascolto che stiamo esercitando, non la motricità e la forza. Per questo ogni esercizio richiede concentrazione, silenzio, disponibilità e per questo solo la loro ripetizione ti può aiutare a ottenere quel controllo corporeo in palcoscenico che è la base di ogni buona prestazione vocale.

Abitare lo spazio

Cosa significa abitare? Significa essere padroni dello spazio nel quale ci si trova. In cosa consiste questa "padronanza spaziale"? In tre cose, che ora ti elenco:

- sapere con esattezza dove ci si trova e cosa si ha intorno;
- stabilire la direzione nella quale proiettare la voce;
- mandare la voce a riempire lo spazio.

SEGRETO n. 4: solo se in ogni momento si sa esattamente *dove* ci si trova è possibile controllare l'atteggiamento del corpo nello spazio e renderlo struttura portante della voce.

Ecco ora alcuni esercizi che ti insegneranno ad abitare il tuo spazio, rispondendo a ciascuna delle richieste. Non serve mettersi in tuta o chiudersi in una palestra. Basta concedersi tempo.

Esercizio 5: Puoi fare questo esercizio nelle condizioni più diverse. Scegli però un momento nel quale sei tranquillo, io ad esempio lo faccio spesso quando sono seduta in treno o in una stanza che non conosco. Osserva l'ambiente, poi chiudi gli occhi e ricostruisci la tua posizione in relazione alle pareti, agli oggetti, agli elementi architettonici che ti stanno intorno, alle altre persone. Chiediti cosa hai vicino e cosa lontano, a che distanza è posto un mobile che hai notato, una sedia, addirittura dove è appeso un quadro. Poi apri gli occhi e verifica l'esattezza delle tue supposizioni.

Esercizio 6: Se sei solito cantare in un luogo particolare (una sala, un teatro, una stanza), ripeti lì questo esercizio molte volte così da conoscere "a occhi chiusi" ogni suo angolo. Prima occupa la zona nella quale sei abituato a stare, poi poniti in parti diverse del suo spazio e ripeti l'esercizio da ogni angolatura. Prova a sdraiarti in un angolo, a sederti in un altro, poi mettiti in piedi al centro. Tieni gli occhi chiusi. Avrai la sensazione che lo spazio si ricostruisca intorno a te come una scenografia mobile. Ripeti l'esperienza sino a quando ti basterà un secondo per sapere esattamente dove ti trovi e cosa hai intorno. "Abitare" lo spazio nel quale si canta è una competenza preziosa, non sottovalutarla.

SEGRETO n. 5: dedicare tempo a familiarizzarsi con il luogo nel quale si canta aiuta a proiettare la voce e a dosare la sua intensità.

Esercizio 7: Ora resta in piedi in un luogo qualsiasi. Guarda davanti a te, scegli uno spazio (può essere quello angusto tra due muri, come l'intero boccascena). Respira tranquillo, poi immagina, espirando, di mandare l'aria a riempire lo spazio che hai scelto. Senti come cambia la respirazione in relazione allo spazio verso il quale dirigi il fiato. Apri la bocca di conseguenza. Se è il boccascena, non potrai che spalancarla, se il piccolo angolo, potrai tenerla aperta senza forzare. Anche la pressione con la quale l'aria esce è diversa e perfino la durata del soffio. Fai diversi tentativi, chiediti cosa succede in relazione alla scelta che operi. Per arrivare a colmare uno spazio, qualunque sia la sua dimensione, devi mantenerti allo stesso modo radicato, perfettamente allineato. Se scegli un angolo sopraelevato, non estendere la testa, ti fa perdere forza e concentrazione. Come l'arciere, non guardare il bersaglio, non concentrarti sulla freccia ma ancorati al suolo e dall'energia che ti dà il terreno trova la forza per tendere l'arco e la precisione per colpire il centro.

RIEPILOGO DEL CAPITOLO 1:

- SEGRETO n. 1: il corpo è la struttura portante della voce, non è possibile cantare correttamente se non si possiede un ottimo controllo del corpo e del suo atteggiamento nello spazio.
- SEGRETO n. 2: ogni asimmetria nello scarico a terra del peso corporeo produce uno sforzo inutile, un disequilibrio che poi si dovrà compensare mentre si canta. Quando si è in scena non è economico preoccuparsi *anche* di stare in piedi, si deve pensare solo alla voce.
- SEGRETO n. 3: la massima resa della voce cantata si ottiene quando il corpo è correttamente allineato in vertice, solo così la bocca può aprirsi senza sforzo ed è possibile ottenere la migliore amplificazione della voce.
- SEGRETO n. 4: solo se in ogni momento sai esattamente *dove* ci si trova è possibile controllare l'atteggiamento del corpo nello spazio e renderlo struttura portante della voce.
- SEGRETO n. 5: dedicare tempo a familiarizzarsi con il luogo nel quale si canta aiuta a proiettare la voce e a dosare la sua intensità.

CAPITOLO 2:

Come respirare

Prendere aria cantando senza fare sforzo e nel modo più economico possibile deve essere il tuo secondo obiettivo. Ma come respiriamo? Tieni a mente le informazioni che seguono.

I polmoni sono contenuti nel torace, strizzati come spugne. Solo se la gabbia toracica aumenta il proprio volume essi si dilatano e l'aria può penetrarvi. Poiché i polmoni hanno la forma di una piramide, non è indifferente che si espanda la loro base o che si espanda il loro apice (ovviamente è molto più economico e funzionale dilatarne la base).

La gabbia toracica è un sistema elastico, si comporta cioè come una molla: la puoi dilatare (inspirando), ma non puoi guidarne il ritorno alle dimensioni di partenza. In altre parole, puoi agire sull'inspirazione, ma l'espirazione cercherà sempre di sfuggire al tuo controllo.

Partiamo dalla prima considerazione. Cos'è l'inspirazione? L'inspirazione è l'ingresso (meglio sarebbe dire il "richiamo") di aria nei polmoni in conseguenza dell'aumento di volume della gabbia toracica. Puoi paragonarla a una spugna che si gonfia e si intride d'acqua una volta che la mano che la tiene stretta si riapre. Come possiamo ottenere questo? Come possiamo allungare e allargare la gabbia toracica?

Diaframma e altro

Sicuramente ti avranno già detto che per cantare bisogna *imparare* a usare il diaframma. Dimentica quello che puoi aver sentito dire da coloro che presentano la respirazione diaframmatica come un obiettivo dell'educazione al canto. Tu respiri già col diaframma, quando stai per addormentarti, quando leggi tranquillo, quando cammini senza fretta! La respirazione diaframmatica è la respirazione dei momenti di quiete. Nessuno può insegnarti qualcosa che già fai! Ciò che devi imparare è automatizzare questa modalità respiratoria anche in situazioni professionali: sul palcoscenico, nello studio e perfino in occasioni nelle quali l'ansia da performance ti pare poco controllabile.

SEGRETO n. 6: la respirazione diaframmatica è il modo naturale di respirare nei momenti di quiete, il nostro primo obiettivo è metterla in atto anche quando cantiamo.

Poiché utilizzare bene il diaframma è un obiettivo, cerchiamo di capire di cosa parliamo. Il diaframma è un muscolo (lo puoi paragonare a un catino capovolto) che separa la cavità toracica (dove si trovano i polmoni) da quella addominale (che contiene stomaco e intestino). Il diaframma, quando si contrae, si sposta verso il basso, permettendo alla gabbia toracica di aumentare il proprio volume (allungandosi) e ai polmoni di espandersi.

Paragona ora la cavità addominale a una stanza. Quando il diaframma si attiva, il suo soffitto si abbassa. Il contenuto, con tutta la massa dei visceri, non può far altro che venire spostato in direzione della parete più cedibile: quella della pancia. Ecco perché essa diviene più prominente. Se metti una mano qualche centimetro sopra l'ombelico, quando respiri col diaframma ne senti il ritmico oscillare. Inspirando il diaframma scende e i visceri sono spinti in avanti: la pancia va in fuori. Espirando il diaframma risale e i visceri ritornano dentro. La pancia rientra.

Ricorda: non c'è aria sotto la tua mano. Non si respira "con la pancia". Ogni inspirazione però determina uno spostamento verso l'infuori della sua parete, e per fortuna! Questo fenomeno è uno strumento prezioso di controllo sull'atto respiratorio.

Come fare a respirare col diaframma mentre si canta? Se vuoi favorire la discesa del diaframma, per prima cosa non indossare abiti stretti che comprimano l'addome, non cantare ingobbito su te stesso, se sei seduto cerca di mantenere il busto allineato.

Naturalmente il diaframma può scendere sino a che il contenuto dell'addome è spostabile. Quando il diaframma termina la propria discesa? Quando la parete della pancia (che è costituita da muscoli più o meno tonici) non può ulteriormente deformarsi, spostandosi e accogliendo i visceri che vengono spinti in fuori.

Se sei molto muscoloso la parete resiste sin dall'inizio a ogni tentativo di deformazione, e il tuo diaframma può scendere molto poco. Se non sei un grande sportivo, i muscoli si comportano come un tappeto elastico, accogliendo i visceri spinti in avanti dall'inspirazione sino a che la naturale resistenza impedirà ogni ulteriore spostamento. Prima o poi comunque il diaframma non potrà più proseguire nella sua discesa e subirà un arresto.

È questo un momento importante nella fase inspiratoria, tecnicamente chiamato “stabilizzazione del diaframma”. Una volta stabilizzato infatti, il diaframma, continuando a contrarsi, inizia a dilatare la zona inferiore della gabbia toracica (la quale quindi viene prima allungata e poi allargata). È a questo punto che inizia a operare la muscolatura intercostale, portando a conclusione la dilatazione della base della piramide polmonare, la più importante da rifornire d’aria.

Ricapitolando, una buona inspirazione si suddivide in due parti: la prima ha come protagonista il diaframma che, scendendo, allunga la gabbia toracica e modestamente la allarga, la seconda vede l’attivazione della muscolatura intercostale che amplia ulteriormente il perimetro inferiore della gabbia toracica.

SEGRETO n. 7: un buon cantante respira in modo toraco-diaframmatico e non ha una muscolatura addominale troppo tonica.

Ora sperimenta come le due componenti si armonizzano, ponendo una mano sulla pancia e una mano sulle coste inferiori. Mettiti in piedi, bene appoggiato su entrambe le gambe. Respira tranquillo. Lascia che il diaframma si attivi e apprezzane la discesa controllando i movimenti della pancia. Ora metti lievemente in tensione la parete muscolare dell'addome (stai aumentando la sua "resistenza"). Sentirai sotto l'altra mano espandersi il torace inferiore. Più contrai la parete addominale, e meno essa va in fuori, prima interviene la componente toracica. Meno resistenza opponi allo spostamento della tua pancia, meno è rilevante l'intervento costale.

Ma, ti chiederai, cosa è meglio che io faccia? Tenere la pancia sempre lievemente contratta o lasciarla? Come sempre la verità si trova nel mezzo. Una parete troppo muscolosa, come potresti avere se fai molto sport, se sei un ballerino, un atleta, impedisce una buona discesa diaframmatica, riducendo l'inspirazione alla sola componente toracica. Una parete troppo flaccida esaurisce tutte le capacità di ampliamento del volume della gabbia toracica nel solo allungamento, rendendo quasi impossibile l'attivazione della muscolatura intercostale.

Non esagerare quindi in palestra, mantieni la tua muscolatura tonica ma non svilupparla eccessivamente. Ciò che devi ottenere è una parete addominale morbida ed elastica, non rigida e tesa.

Controllare l'espirazione

Veniamo ora a un punto di grande rilevanza. Ricordi la terza riflessione con la quale abbiamo aperto il capitolo? La gabbia toracica è un corpo elastico. La puoi deformare, ma alla fine dell'inspirazione essa ritornerà al volume di partenza come una molla sulla quale smetti di esercitare una trazione. Se non è complesso quindi controllare l'inspirazione (che è pur sempre un fatto volontario), è molto più difficile *addomesticare* l'espirazione. Se pensi che il canto è un *evento espiratorio*, ti rendi subito conto di come sia necessario, in senso artistico, ottenere una forma di controllo anche su questa seconda fase. Ora immagina che i polmoni, una volta riempiti d'aria, siano un palloncino ben gonfio. Se lo lasci andare esso vola via, allontanandosi da te tanto più rapidamente quanto maggiore è l'aria che contiene. Questo accade perché (è una legge della fisica) la quantità di aria contenuta nel palloncino e la pressione alla quale essa esce sono direttamente proporzionali. In altre parole, più esso è gonfio, più l'aria che fuoriesce è pressurizzata, e quindi in grado di produrre un rapido spostamento. Più il palloncino si sgonfia, più l'aria è povera di energia ed esso non può che volteggiare verso terra. La stessa cosa accade per la voce. Più i polmoni sono pieni, più l'aria che esce è pressurizzata. Più ci avviciniamo alla fine dell'espirazione, meno lo è.

Poiché l'intensità della tua voce è direttamente proporzionale alla pressione dell'aria in uscita (massima quando il polmone è gonfio), se canti senza controllo, nel ritorno elastico della gabbia toracica al suo volume di equilibrio, la prima parte della frase cantata sarà dotata di maggiore energia della parte conclusiva. In altre parole, rischierai di iniziare a cantare a voce troppo intensa e di concludere con voce troppo debole.

Due sono quindi i nostri problemi.

- Come possiamo far sì che l'aria all'esordio della frase non fuoriesca così pressurizzata (come è necessario quando dobbiamo, proprio all'inizio, produrre un pianissimo)?
- Come possiamo controllare la pressione dell'aria in uscita, così da mantenerla costante anche se i polmoni si stanno svuotando

o, addirittura, da aumentarla proprio alla fine dell'espirazione (come è necessario per concludere in fortissimo)?

Alla prima necessità rispondiamo mettendo in atto la tecnica dell'*appoggio*, alla seconda gestendo il *sostegno*. I termini sono noti e molto utilizzati nella didattica di canto. Ne hai sicuramente sentito parlare. Per non entrare in spiegazioni complesse, ti propongo di pensare a ciascuna delle due metodiche di controllo espiratorio aiutandoti con un'immagine.

L'appoggio respiratorio

Ricordi quando da bambini giocavamo con un compagno a passarci di mano un elastico che tenevamo ben teso tra il pollice, l'indice e il medio di entrambe le mani a disegnare il perimetro di un rettangolo? L'elastico non sfuggiva solo se le nostre dita si mantenevano ben divaricate. Appena la distanza tra le dita diminuiva, l'elastico volava via tra le risate di tutti.

Ora paragona il perimetro descritto dall'elastico a quello inferiore della gabbia toracica, al massimo della propria espansione, come accade a fine inspirazione. Puoi controllare la pressione dell'aria all'inizio di frase solo mantenendo aperto il torace nel suo segmento inferiore. Trattenendo cioè il naturale richiudersi della gabbia, mantenendoti in "posizione inspiratoria" mentre già stai espirando.

Ma come fare? Dopo un'inspirazione toraco-diaframmatica, mantieni contratta la muscolatura inspiratoria intercostale mentre il diaframma inizia la sua risalita verso l'alto spingendo l'aria all'esterno. In altre parole, tieni aperte le coste più basse quando già stai espirando. Resistendo alla retrazione elastica del torace, mantenendolo puntellato alla sua base impedirai un ritorno del diaframma troppo veloce e una rapida riduzione del volume della gabbia toracica.

Per iniziare la frase musicale a intensità moderata occorre trattenere la naturale risalita del diaframma, impedendo alla gabbia toracica di richiudersi velocemente. L'appoggio è il tuo dolce modo di trattenere un ritorno elastico. Ciò che da bimbo facevi con le dita ora lo fai con le coste e con i muscoli che a esse prendono inserzione.

SEGRETO n. 8: per controllare l'espirazione nelle sue fasi iniziali è necessario mettere in atto l'appoggio respiratorio, che consiste nel trattenere dilatata la gabbia toracica nel suo perimetro inferiore mentre si canta.

Il sostegno respiratorio

Ora immagina di decorare una torta con una siringa da dolci. Se vuoi che il ricciolo di crema ne contorni i bordi regolarmente, devi premere sulla stoffa della siringa o sul suo stantuffo in modo tanto più energico quanto più essa si svuota. Ecco cosa dobbiamo intendere per sostegno. Per mantenere nel canto la medesima intensità allo svuotarsi dell'aria nei polmoni, occorre che la muscolatura della pancia si contragga durante l'espirazione, come a "spremerne" fuori l'aria. All'inizio della frase cantata la manovra deve essere ferma ma dolce (come naturalmente fai quando la siringa è colma di crema), per divenire sempre più decisa verso la fine (come accade con la siringa con l'esaurirsi del suo contenuto).

Per gestire l'intensità della voce durante il canto e per mantenerla a un buon livello alla fine della frase, devi controllare la pressione nella cavità addominale mediante una contrazione volontaria della sua parete. Devi cioè imparare a sostenere la colonna d'aria "dal basso".

SEGRETO n. 9: per controllare l'espirazione dopo il suo inizio è necessario mettere in atto il sostegno respiratorio, che permette di guidare la risalita del diaframma e di gestire così l'intensità della voce per tutta la frase cantata.

Ora ti chiederai: come posso imparare a controllare la contrazione della muscolatura della pancia in modo così attento? La parete addominale è formata da due tipi di muscolatura, una diretta dal basso verso l'alto, simile a un nastro centrale che congiunge il pube con il torace, l'altra, simile a una guaina contenitiva, estesa anche lateralmente. È questa seconda che devi imparare a utilizzare. Tienila sempre modestamente attivata, anche nella fase inspiratoria (non farti trovare mai a "pancia molle" anche nel momento in cui l'aria entra nei polmoni). Durante l'espirazione contraila dolcemente a partire dalle fibre più basse, quelle appena sopra il pube. Accompagna poi la fuoriuscita dell'aria coinvolgendo poco alla volta anche la zona media e superiore, sino a contrarre la pancia in modo uniforme, senza coinvolgere nessun'altro muscolo del corpo. Non impettirti, non aumentare la curvatura lombare, non spingere in alto la testa.

SEGRETO n. 10: la muscolatura della parete addominale utilizzata per sostenere la voce è la muscolatura contentiva, simile a una guaina che avvolge i visceri.

È importante che la contrazione sia "a rientrare", cioè deve produrre un piccolo affossamento sulla tua parete addominale, come quando ti infili un pantalone stretto e "tiri in dentro" la pancia per chiudere meglio la zip.

Cantare non necessita di vigorose contrazioni muscolari. Non devi avere un fisico da atleta. Devi solo cercare di privilegiare, nella respirazione, la componente diaframmatica e imparare a esercitare una dolce ma ferma contrazione della parete addominale in fase espiratoria.

RIEPILOGO DEL CAPITOLO 2:

- SEGRETO n. 6: la respirazione diaframmatica è il modo naturale di respirare nei momenti di quiete, il nostro primo obiettivo è metterla in atto anche quando cantiamo.
- SEGRTETO n. 7: un buon cantante respira in modo toraco-diaframmatico e non ha una muscolatura addominale troppo tonica.
- SEGRETO n. 8: per controllare l'espirazione nelle sue fasi iniziali è necessario mettere in atto l'appoggio respiratorio, che consiste nel trattenere dilatata la gabbia toracica nel suo perimetro inferiore mentre si canta.
- SEGRETO n. 9: per controllare l'espirazione dopo il suo inizio è necessario mettere in atto il sostegno respiratorio, che permette di guidare la risalita del diaframma e di gestire così l'intensità della voce per tutta la frase cantata, senza diminuirla alla fine.
- SEGRETO n. 10: la muscolatura della parete addominale utilizzata per sostenere la voce è la muscolatura contentiva, simile a una guaina che avvolge i visceri.

CAPITOLO 3:
Come rispettare le corde vocali

Abbiamo detto che la voce è la messa in vibrazione a livello delle corde vocali dell'aria che espiri. Vorrei ora spiegarti come avviene questo vero e proprio miracolo. Per prima cosa dobbiamo ricordare insieme alcuni semplici principi della fisica.

Un fluido (l'aria espirata, così come il fiume che scorre vicino a casa) possiede un'energia (tecnicamente: energia potenziale) proporzionale al numero di molecole che lo costituiscono, allo stesso modo in cui un corteo di manifestanti ha una "energia" proporzionale al numero di partecipanti. Sino a che il fluido può scorrere, questa energia si esprime sotto forma di movimento (il fiume fluisce con una velocità tanto maggiore quanto più alta è la sua portata d'acqua). Se il fluido incontra un ostacolo (pensa a una diga per il fiume, a un cordone di polizia per il corteo), il movimento si arresta e il fluido inizia a premere. Sino a che l'ostacolo resiste la pressione aumenta. Quando la resistenza è vinta e l'ostacolo cade, il fluido riprende la propria corsa. Cosa c'entra questo con la nascita della voce?, ti chiederai. Bene, le corde vocali si comportano alla stessa stregua di una diga nel letto di un fiume: chiudendosi impediscono il fluire dell'aria, che proviene dai polmoni, verso l'esterno. L'aria quindi non può che arrestarsi e iniziare a premere dal basso contro la loro superficie, forzandone la riapertura. Il risultato è il superamento dell'ostacolo, costituito dalle corde, e il nuovo fluire.

SEGRETO n. 11: un fluido che in successione incontri un ostacolo e lo vinca, viene compresso e decompresso generando una vibrazione acustica.

Questo alternarsi tra chiusura e riapertura cordale avviene, in successione rapidissima, in voce parlata circa cento volte al secondo per l'uomo, il doppio per la donna. È evidente che per permettere un fatto del genere le corde vocali non possono chiudersi con troppa violenza. La loro resistenza non deve infatti essere eccessiva, altrimenti l'aria in uscita dai polmoni non potrebbe forzarne la chiusura e riaprirle in tempi così ristretti per tante volte in un secondo.

SEGRETO n. 12: non si deve forzare la chiusura delle corde vocali, una buona voce si giova di una "chiusura elastica", le corde devono chiudersi ma... per farsi subito riaprire.

Per aiutarti a comprendere sino in fondo questo principio, dal quale derivano molti consigli su come meglio utilizzare la tua voce, paragona le corde vocali a due ante fissate allo stipite da cerniere con apertura interna ed esterna, esattamente come la porta di un saloon del Far West o come la porta basculante che separa in un ristorante la sala dalla cucina. Appena ne forzi l'apertura esse, dopo averti lasciato passare, si richiudono da sole rapidamente alle tue spalle. Per aprirle non devi spingere, non devi premere, devi solo esercitare una modesta forza. Solo così le due ante non si danneggiano. Si chiama "principio di elasticità della chiusura cordale".

Come sono fatte le corde vocali

Questo principio è così importante per la salute della tua voce che gli ho dedicato l'apertura del capitolo. Ma non temere, non mi sono dimenticata di spiegarti come sono fatte le corde vocali. Innanzi tutto le corde vocali fanno parte di un organo che si chiama laringe. La laringe è posizionata sopra la trachea e in essa viene convogliata l'aria in uscita dai polmoni (quella che verrà compressa e decompressa per essere resa vibrante).

Le corde vocali si trovano all'interno, posizionate su un piano orizzontale. Esse sono unite davanti (così che i loro estremi si toccano) e connesse all'indietro a due piccole formazioni cartilaginee, chiamate aritenoidi, in grado di ruotare sul proprio asse. È proprio la rotazione di queste minuscole formazioni che permette alle corde vocali di spostarsi verso il centro, avvicinandosi, e di comportarsi alla stregua di una vera "porta a due battenti". Essa rimane spalancata quando respiri silenziosamente, si chiude quando decidi di iniziare a parlare o a cantare.

Ciascuna corda vocale è costituita da una struttura di sostegno sulla quale è posto un legamento dotato di grande elasticità e un muscolo, molto potente, alla contrazione del quale si deve non solo la chiusura delle corde ma anche il loro accorciamento. Quali di queste nozioni di anatomia sono utili a un cantante? Lo sono tutte, e ora ti spiego perché.

Il legamento

Puoi paragonarlo a un tappeto elastico. È la vera struttura di ammortizzazione degli urti che le corde vocali subiscono avvicinandosi tra loro. È merito suo se durante il canto, anche se stai usando intensità sostenute, esse non si danneggiano.

Ricorda che se utilizzi nel tuo stile in modo abituale un attacco vocale troppo violento (attacco duro, colpo di glottide) potresti superare le sue capacità di "assorbimento urti" causandoti danni importanti.

Il muscolo

Costituisce il "corpo" della corda vocale. È lui che fa ruotare le aritenoidi, permettendo alle corde vocali di avvicinarsi tra loro. Un suo affaticamento determina un'imperfetta chiusura e la tua voce diviene soffiata, meno intensa. È il livello di contrazione di questo muscolo che determina la "resistenza" che le corde vocali oppongono all'aria in uscita dalla trachea. Se lo contrai eccessivamente le corde rimangono chiuse per un tempo troppo lungo, l'aria va a premere sulla loro superficie inferiore con eccessiva violenza, danneggiandole.

Le tue corde vocali possiedono, fortunatamente, un sistema di ammortizzazione urti che assorbe i possibili traumi generati da una loro chiusura troppo violenta. Il loro corpo è costituito da un muscolo che si accolla la maggior parte del lavoro fonatorio, un suo sovraccarico dà come risultato una difficoltà di chiusura e una fuga d'aria nella voce.

Ora ti chiederai come sia possibile che, cantando, la tua voce produca le diverse gamme della tua estensione e possa essere prodotta all'intensità desiderata.

Come si regola l'intensità

Per prima cosa occupiamoci dell'intensità. Ti ricordi cosa ti ho raccontato del fiume che, incontrando la diga, va a premere contro il suo muro? Bene, la pressione che l'aria produce al di sotto delle corde vocali chiuse è direttamente proporzionale all'intensità che la tua voce raggiunge una volta generata la vibrazione. Questo, naturalmente, a patto che le tue corde vocali siano utilizzate in modo "elastico" e la loro chiusura non sia forzata. A patto cioè che tu rispetti il "principio di elasticità".

SEGRETO n. 13: l'intensità della voce dipende dalla pressione dell'aria in uscita.

Ma come puoi regolare questa pressione, così da ottenere l'intensità desiderata? Hai due strade possibili. La prima è aumentare la resistenza che le corde vocali oppongono alla riapertura. Questo è fattibile potenziando la contrazione del muscolo che le costituisce (allo stesso modo in cui aumenta la pressione che fa un ariete che cerchi di sfondare una porta, se i suoi battenti vengono serrati).

Cosa rischi? Innanzitutto un sovraccarico del muscolo, che può affaticarsi e diventare incapace di sopportare la mole di lavoro necessaria ad altri compiti. In secondo luogo vai a creare un vero e proprio "braccio di ferro" tra aria che spinge e corde che resistono, col risultato che la *porta*, sollecitata dall'eccessiva pressione, subirà un danno certo. Prima si arrosserà, poi si gonfierà, poi aumenterà il proprio peso e nel tempo perderà l'elasticità che garantisce un buon canto. Questa strada per aumentare l'intensità non va percorsa!

Ricorda che la tua laringe deve vibrare. Non deve occuparsi della potenza ma della qualità. Serrando con forza i battenti di una porta per resistere a uno sfondamento non fai che rovinarli!

Ora ripensa a cosa ti ho detto riguardo al sostegno. Ricordi il paragone con la siringa da dolci? Bene, questa è la seconda strada per gestire le intensità. In altre parole, ciò che devi fare quando vuoi aumentare la pressione di un fluido non è potenziare la diga contro la quale esso va a premere ma pressurizzare il fluido da monte. Se vuoi che l'ariete apra il castello senza rovinare troppo i battenti della porta, devi spingerlo da dietro.

Il sostegno serve proprio a questo. Contraendo la muscolatura addominale puoi andare a pressurizzare l'aria in uscita, variando a tuo piacere l'intensità della voce, senza rischiare di danneggiare la laringe. Dedica molto tempo col tuo insegnante a imparare e a mettere in pratica un sostegno efficace e ricordati che, esercitandolo, non devi coinvolgere altri muscoli oltre a quelli della parete addominale. Soprattutto non devi cambiare il tuo atteggiamento nello spazio.

SEGRETO n. 14: per gestire la pressione dell'aria al di sotto delle corde vocali, e decidere così l'intensità della voce, occorre utilizzare sempre la contrazione volontaria della muscolatura della parete addominale.

È il modo più economico e meno rischioso per dare potenza alla tua voce. Puoi preoccuparti meno del sostegno solo se canti al microfono ma solo se a intensità moderata o se utilizzi una voce "volutamente soffiata".

Come si regola l'intonazione

Nonostante il loro nome le corde vocali non si comportano come le corde della chitarra. Esse sono paragonabili, come ti ho detto, a una porta a due battenti in grado di aprirsi e subito richiudersi. Per il Do centrale (Do 3) ad esempio questo fenomeno avviene 262 volte in un secondo, per il La 3 avviene 440 volte. Ciò che decide quante volte le corde vocali possono aprirsi e chiudersi nell'unità di tempo è il grado della resistenza che esse offrono alla corrente d'aria espiratoria in uscita dai polmoni, che le forza dal basso. Tale resistenza è proporzionale all'area della glottide, cioè all'estensione di quel piano definito dalle corde vocali.

Più le corde vocali sono lunghe, più l'area è ampia, meno resistenza esse oppongono, più volte si aprono. Più l'area è limitata, più resistenza esse oppongono, più tempo occorre all'aria per aprirle, quindi meno volte si aprono.

SEGRETO n. 15: la frequenza del suono prodotto è direttamente proporzionale alla lunghezza della corda.

Vediamo come è possibile variare la lunghezza cordale. La prima cosa che devi sapere è che il muscolo che costituisce le corde vocali, quando si contrare, non solo le avvicina tra loro ma le accorcia anche. Esso quindi rappresenta uno dei modi di controllarne la lunghezza. La seconda è che esiste un muscolo, posizionato all'esterno della laringe, che è in grado di allungarle. I due muscoli funzionano armonicamente. Quando l'accorciatore si contrae, l'allungatore si rilassa per facilitargli il compito, e viceversa. Quando canti non fai altro che equilibrare i diversi stati di contrazione dei due muscoli, producendo gradi diversi di allungamento/accorciamento cordale, che altro non sono che gradi diversi di resistenza all'aria in uscita.

Devi però sapere una terza cosa, ti sarà utile per non commettere errori. La laringe è appesa alla lingua e unita da un sistema muscolare in alto al cranio e alla mandibola e in basso all'imbocco del torace. La laringe può quindi abbassarsi verso il torace o innalzarsi verso il pavimento della bocca (quando la muscolatura si contrae) e seguire in ogni suo movimento la lingua mentre parliamo e cantiamo. Metti un dito sul pomo d'Adamo, prova a pronunciare la vocale /u/, senti come si abbassa? Ora pronuncia la /i/, la senti innalzare? Ora respira profondamente. La senti abbassarsi in inspirazione e dolcemente risalire in espirazione? Questa libertà di movimento della laringe è funzionale alla salute della voce. La laringe è nata libera, oscilla nel collo seguendo i movimenti della lingua e accompagna la nostra respirazione.

Ora però tieni a mente questa nozione di anatomia. Sollevare la laringe, contraendo i muscoli ai quali è appesa, cosa che puoi fare anche ora (basta serrare un po' la mandibola e contrarre il pavimento della bocca), produce anche un allungamento della corda vocale.

Esiste quindi un altro sistema per affrontare le frequenze acute: puoi infatti cantare la zona superiore della tua tessitura aiutandoti col sollevamento laringeo.

Anche se alcuni stili consentono di giungere alla zona più acuta della tessitura aiutandosi col sollevamento laringeo, non è questa la strada da praticare abitualmente.

SEGRETO n. 16: per raggiungere le note acute dell'estensione è preferibile allungare la corda senza sollevare la laringe.

Cerchiamo insieme di capire il perché di questa affermazione. Analizziamo questi tre fattori:

- il muscolo che accorcia la corda ne costituisce anche il corpo ed è il principale sistema muscolare di "chiusura cordale". Naturalmente durante la fonazione esso rimane sempre, anche se a gradi diversi, attivo. Ora immagina di sollevare la laringe cantando. Il muscolo subisce uno stretching proprio nel momento del suo maggior utilizzo. A un muscolo così piccolo non giova essere stirato e allungato mentre si sta contraendo!

Se innalzi la laringe per raggiungere la zona acuta della tessitura lo fai a scapito della salute proprio di quel sistema che garantisce la chiusura cordale. A lungo andare esso perderà forza e non potrà più farsi carico completamente del proprio compito. Comparirà aria nella voce, prima nel canto, poi anche nel parlato;

- ancora non ti ho parlato di cavità di risonanza, ma sicuramente potrai seguirmi anche in questa seconda considerazione. Per avere il massimo risultato di amplificazione occorre che queste cavità siano ampie, che esista una discreta distanza tra il piano delle corde vocali (luogo ove si forma il suono) e le labbra, estremo confine delle cavità stesse. Ogni sollevamento della laringe accorcia gli spazi e spesso ne riduce il calibro. Se per raggiungere una nota acuta innalzi la laringe, otterrai un suono meno timbrato, più povero dal punto di vista armonico e più chiaro;
- come ormai sai, il muscolo che costituisce le corde rimane contratto durante tutta la fonazione. Esso infatti garantisce il loro reciproco contatto. Se cantando sollevi eccessivamente la laringe, all'allungamento della corda che si accompagna alla manovra (e che volontariamente stai ricercando per aumentare

la frequenza della nota), si accompagna inevitabilmente un suo assottigliamento (la corda è simile in questo a un elastico, più lo tiri, più è sottile). Però più le corde si fanno sottili, più il loro margine è ristretto, meno saldo è il contatto che stabiliscono tra loro quando si chiudono per permetterti di fonare. Questo evento, associato allo stress del muscolo che le costituisce, fa sì che, se cerchi la nota innalzando la laringe, corri il rischio che la voce si spezzi per la riapertura improvvisa delle corde.

SEGRETO n. 17: non si deve affaticare troppo il muscolo che costituisce la corda vocale, esso non solo accorcia le corde ma le chiude, e se il muscolo è stanco compare aria nella voce.

Ecco cosa devi fare:

- cerca la nota senza alzare la laringe, educati a trovare la giusta lunghezza cordale esclusivamente aiutandoti con i due muscoli accorciatore e allungatore;
- utilizza il sollevamento laringeo non come metodo per raggiungere la zona acuta ma come "effetto" timbrico occasionale;

- fatti aiutare dal tuo maestro a controllare la posizione della laringe nel collo e non fermarti all'esito estetico della voce, pensa sempre a come viene prodotta la nota, anche bella, che stai cantando.

Il compito delle corde vocali è innanzi tutto produrre la nota, tutto il resto, se puoi, fallo fare alla parete addominale (controllo dell'intensità) o alle cavità di risonanza (effetti stilistici), proteggerai le corde vocali da un uso improprio e avrai lunga vita vocale.

Le corde vocali sono paragonabili a una porta a due battenti. La loro chiusura deve essere elastica perché esse si devono poter riaprire in frazioni di secondo. Non devono essere incaricate di gestire l'intensità. Esse inoltre sono inoltre paragonabili a elastici: se si allungano, si assottigliano. Solo corde dolcemente avvicinate sono in grado di modificare la propria lunghezza adattandosi perfettamente alle richieste dell'intonazione.

RIEPILOGO DEL CAPITOLO 3:

- SEGRETO n. 11: un fluido che in successione incontri un ostacolo e lo vinca, viene compresso e decompresso generando una vibrazione acustica.
- SEGRETO n. 12: non si deve forzare la chiusura delle corde vocali, una buona voce si giova di una “chiusura elastica”, le corde devono chiudersi ma... per farsi subito riaprire.
- SEGRETO n. 13: l’intensità della voce dipende dalla pressione dell’aria in uscita.
- SEGRETO n. 14: per gestire la pressione dell’aria al di sotto delle corde vocali, e decidere così l’intensità della voce, occorre utilizzare sempre la contrazione volontaria della muscolatura della parete addominale.
- SEGRETO n. 15: la frequenza del suono prodotto è direttamente proporzionale alla lunghezza della corda.
- SEGRETO n. 16: per raggiungere le note acute dell’estensione è preferibile allungare la corda senza sollevare la laringe.
- SEGRETO n. 17: non si deve affaticare troppo il muscolo che costituisce la corda vocale, esso non solo accorcia le corde ma le chiude, e se il muscolo è stanco compare aria nella voce.

CAPITOLO 4:
Come gestire le risonanze

Se potessi posizionare un microfono a livello delle corde vocali per ascoltare la tua voce nell'atto in cui viene prodotta, ti accorgeresti della grande differenza esistente tra il suono generato in laringe e quello che effettivamente senti nell'ambiente. Sì, se potessimo ascoltare la nostra voce così come essa nasce, non ci parrebbe molto diversa dalla sirena di una nave! Com'è possibile?

La funzione delle cavità di risonanza

Per capire come un segnale vocale può cambiare così profondamente, devi sapere due cose:

- il segnale vocale è un'onda complessa, cioè è costituita da componenti di diversa frequenza. A livello laringeo la componente più intensa, e quindi più udibile, è a frequenza grave (per questo simile alla sirena di una nave);

- una cavità di risonanza è uno *spazio contenente aria*. Quando un'onda sonora l'attraversa essa si comporta come un filtro: lascia passare alcune componenti dell'onda in ingresso senza modificarle, altre ne elimina, altre ne amplifica.

È per questa ragione che la voce, prodotta a livello delle corde vocali, è così diversa dal quella che sentiamo nell'ambiente. Il segnale viene "filtrato" da tutti gli spazi che sono posti sopra la laringe, sino ad arrivare alle labbra completamente modificato.

Se vuoi immaginarti le cavità di risonanza, visualizza una L maiuscola capovolta (Γ). Alla base del tratto verticale ci sono le corde vocali, all'estremità destra di quello orizzontale sono posizionate le labbra. L'aria sonorizzata viaggia verso l'esterno percorrendo spazi diversificati: la parte superiore della laringe, la faringe, la bocca. Se il velo palatino è abbassato, lo è anche la cavità nasale. Da ciascuno degli spazi attraversati l'onda sonora viene filtrata e alcune sue componenti elettivamente amplificate, altre smorzate.

Se un amico ti chiama al telefono non hai certo difficoltà a riconoscerne la voce. Bene, la voce di ciascuno di noi è proprio il risultato di questo viaggio dell'aria verso l'esterno. La conformazione anatomica delle cavità e, questo è per te di estrema importanza, il modo individuale di atteggiarle, determina quella "impronta vocale" che ci caratterizza.

Le cavità di risonanza sono quindi modificabili? Sì, è proprio così. Nonostante facciano parte della nostra struttura sono, nella loro forma, nel loro volume e nello stato di tensione delle loro pareti, volontariamente modificabili a dare mille effetti vocali, molti dei quali appositamente ricercati nella voce cantata.

Prendi un tamburo, battilo con la mano, ascolta il suono prodotto. Ora tendi maggiormente la sua pelle. Batti di nuovo, il suono è più acuto. Ogni volta che una cavità di risonanza aumenta la rigidità delle proprie pareti agisce come un "filtro passa alti", cioè amplifica elettivamente la parte acuta del segnale acustico. Il contrario accade quando le pareti si fanno più morbide.

Ora osserva un organo a canne. Qual è la più lunga? Il Do grave. Significa che la nota più scura si accoppia al “tubo” più lungo. In altre parole, una cavità di risonanza lunga agisce come un “filtro passa bassi”. Naturalmente una cavità corta farà un’ottima amplificazione degli acuti (ma attenzione, il suono può impoverirsi).

Veniamo alla voce cantata. Se abbassi un poco la laringe, ottieni un “tubo” più lungo, la tua voce si scurisce. Se, al contrario, la innalzi, il suono si fa più acuto. Anche se porti in avanti la mandibola la voce si fa scura o se porti in fuori le labbra. Al contrario, se canti cercando di irrigidirle e di farle aderire ai denti, la voce si schiarisce.

Regole generali di utilizzo delle cavità di risonanza

L’utilizzo delle cavità di risonanza dipende dallo stile di canto che pratichi. È il tuo insegnante che ti darà le indicazioni opportune. Alcune informazioni però tienile a mente.

È bene che le cavità di risonanza siano ampie. La voce si giova infatti di una buona amplificazione, e questa è possibile se gli spazi che l'aria attraversa non sono angusti. La raccomandazione di mantenere ampi gli spazi vale anche per la bocca. È inutile infatti gestire con abilità le cavità di risonanza faringee se poi la bocca non viene abbastanza aperta. Tutto il guadagno accumulato viene perso, se la voce amplificata incontra una cavità ristretta prima di poter espandersi nello spazio della stanza.

La naturalità è la guida migliore per scoprire cosa fare. Non forzare e non esagerare sono sempre le indicazioni migliori, oltre a essere consigli utili anche per evitare errori comuni. Alcuni atteggiamenti delle cavità di risonanza infatti sono potenzialmente pericolosi per la salute vocale, e devi imparare a riconoscerli per evitarli. Solo la pratica col maestro ti sosterrà in questo.

Analizziamo ora ciascun punto, cercando di comprendere come interpretare al meglio le indicazioni che ti darà il tuo insegnante. Qualunque sia lo stile che pratichi, le cavità di risonanza devono permettere una buona amplificazione. Rigidità eccessive, riduzioni degli spazi, atteggiamenti contratti nocciono alla buona resa della voce.

In particolare, presta attenzione a non ridurre lo spazio del retrobocca (dove ci sono le tonsille), anzi, cerca di ampliare la zona il più possibile. La stessa cosa fai con lo spazio posto dietro al naso, che è una cavità importante e si chiama rinofaringe. Dal corretto atteggiamento di questo spazio (che devi pensare come “ampio e largo”) derivano, a caduta, i corretti atteggiamenti delle cavità inferiori.

SEGRETO n. 18: non si deve ridurre volontariamente lo spazio delle cavità di risonanza, al contrario bisogna cercare di aumentarne il volume, e di sfruttare al massimo le possibilità di amplificazione del segnale vocale che proviene dalla laringe.

Per avere la massima resa delle intensità, tieni morbida la mandibola, lascia che il suono amplificato trovi una strada ampia verso l’esterno. Anche se canti in pianissimo non chiudere la bocca. Se devi pronunciare un testo, approfittane per migliorare l’apertura della bocca nella resa delle parole.

SEGRETO n. 19: non si deve irrigidire la mandibola ma lasciarla morbida; la bocca deve potersi aprire liberamente senza trattenere il suono.

Rispetta la naturale libertà di movimento della laringe. Non mettere in atto, se non in modo del tutto occasionale, gli atteggiamenti che alterano la sua posizione nel collo. In particolare evita di innalzarla. Non contrarre il pavimento della bocca, non serrare la mandibola, non protruderla. Cantare in queste situazioni affatica il muscolo che costituisce la corda vocale e, a lungo andare, rende difficile il mantenimento di una buona chiusura cordale. Due considerazioni seguite ognuna da un breve esercizio possono aiutarti a capire meglio.

La situazione più simile all'ottimale ampliamento delle cavità di risonanza è quella che assumiamo all'inizio di uno sbadiglio. In questa posizione il velo palatino è spinto a lato e in alto, lo spazio del retrobocca ha la sua massima ampiezza, la laringe è correttamente posizionata nel collo. Ora esegui questo semplice esercizio. Mettiti in piedi, ben allineato, con il peso corporeo equamente distribuito sulle due gambe. Accenna uno sbadiglio.

Non spalancare troppo la bocca, non forzare. Porta indietro la lingua, allarga la faringe, pensa di spingere a lato le tonsille. Se hai eseguito la manovra con cura, sentirai dei rumori provenire dalle orecchie. È la tuba di Eustachio, il piccolo canale deputato all'areazione della cavità dell'orecchio medio, che si sta aprendo.

SEGRETO n. 20: apri le cavità del retrobocca, porta il velo del palato in alto e a lato, come per sbadigliare, e ottenere così la migliore amplificazione possibile.

La miglior resa delle risonanze si ha con mandibola non eccessivamente serrata. Poniti in piedi, ben allineato, prendi il mento tra il pollice e l'indice. Lascia che pesi tra le tue dita, rilassa la muscolatura del viso. Ora muovi delicatamente la mandibola verso l'alto, come se volessi chiudere la bocca, poi lascia che di nuovo essa cada sul tuo pollice. Ora rimani a bocca chiusa, non serrare i denti. Porta un poco in basso e indietro la lingua, come se volessi pronunciare la vocale /o/. Senti la muscolatura del pavimento della bocca che si rilassa, massaggiala lievemente, andando col pollice dall'alto (a contornare l'intero profilo inferiore della mandibola) verso il basso.

SEGRETO n. 21: sia che si canti un pianissimo, sia che si canti un fortissimo il pavimento della bocca non deve essere contratto.

L'intensità della voce non si regola con il grado di apertura della bocca. Anche in pianissimo la tua bocca deve rimanere ben aperta, altrimenti la tua voce non potrà volare verso la sala.

Cantare con le parole

Affrontiamo ora un nuovo argomento. Quando parliamo, quando cantiamo "con parole", utilizziamo una parte delle cavità di risonanza non solo per amplificare il suono ma per produrre contemporaneamente il linguaggio. Le consonanti e le vocali sono infatti realizzate attraverso particolari atteggiamenti della bocca. Se per esempio pronunci la parola "stella", la punta della lingua va a toccare prima i denti inferiori, poi i superiori, poi la bocca si apre nella vocale /e/, poi la lingua tocca il palato, appena dietro gli incisivi, poi di nuovo la bocca si apre (ma questa volta maggiormente) per pronunciare la vocale /a/. Cosa c'entra col canto? La relazione tra la nota che produci e il suono delle parole che devi cantare è più stretta di quello che credi.

SEGRETO n. 22: non si deve dimenticare che "le parole nascono in bocca", lingua e le labbra devono essere toniche.

Se canti con parole non rinunciare mai a una pronuncia corretta. Come puoi facilmente sperimentare, gran parte del lavoro nella produzione delle consonanti è svolto infatti dalla lingua e dalle labbra. Avere una lingua tonica, capace di assumere tutti gli atteggiamenti necessari alla produzione delle diverse consonanti è una necessità per il cantante. Esercitala, renderai più precisi i suoi movimenti quando dovrai pronunciare /s/, /r/, /sc/, /t/, /d/, /l/.

Comprendere cosa "dice" il cantante è sempre piacevole. Ma come si può far "fare ginnastica" alla lingua? Ecco una serie di facili esercizi che puoi mettere in pratica da subito. Approfitta di un percorso in macchina, o di una parte del tempo che passi davanti alla televisione.

Esercizio 8: Porta la punta della lingua dietro agli incisivi superiori, cerca le piccole rughe del palato poste appena dietro ai denti. Fermati lì con la lingua, premi e rilascia più volte consecutive.

Esercizio 9: Apri un poco le labbra, lecca il loro bordo esterno, guardandoti allo specchio. Controlla che la lingua rimanga "a punta" per tutto il perimetro. Cerca di raggiungere il naso, poi portala verso il mento.

Esercizio 10: A bocca chiusa, ma con la mandibola rilassata, accarezza con la punta della lingua le superfici dei denti, uno a uno, come se volessi spolverarli. Parti dall'incisivo superiore sinistro e prosegui sino al molare, poi affronta l'arcata destra, sempre dall'incisivo al molare. Infine compi la medesima operazione con l'arcata inferiore. Cerca di capire come'è fatto ciascun dente. Alcuni sono piatti, lisci, altri sono bombati. Usa la lingua per conoscerli e differenziarli.

Esercizio 11: Ora dischiudi la bocca. Come nell'esercizio precedente, vai con la lingua dall'incisivo al molare, ma questa volta accarezza la superficie masticante dei denti. Senti la punta del canino, le concavità dei premolari e dei molari. Entra in ogni spazio che trovi, usando la punta della lingua per esplorarlo. Lascia morbida la mandibola, così che la tua lingua trovi spazio per muoversi.

Infine prova a leggere. Scegli un testo, un breve capitolo, cercando di prestare attenzione a tutti i suoni che produci.

Come posso capire se qualcosa non va? Una lingua pigra riposa, quando stai zitto, sul pavimento della bocca. Una lingua tonica, quando "riposa", va a toccare con la punta quelle piccole rughe poste sul palato duro, proprio dietro gli incisivi superiori che abbiamo imparato a conoscere. Se in situazioni di rilassamento la tua lingua tende a occupare lo spazio circoscritto dall'arcata inferiore, la mandibola tenderà nel canto ad avanzare in modo non corretto e la voce potrà acquistare una qualità aperta e chiara.

E le labbra? Come valutare le loro abilità? Se sei un buon respiratore, cioè se hai la fortuna di avere il naso libero e ben funzionante, stai per la maggior parte del tempo nel quale non parli e non canti a bocca chiusa e a labbra avvicinate tra loro. Se è così, le tue labbra sono ben toniche e non hanno bisogno di nessun altro esercizio (alle labbra basta rimanere a contatto reciproco per rafforzarsi). Se invece sei abituato a usare la bocca per respirare, è molto probabile che le tue labbra siano poco attive. Questo può essere un problema per la voce.

Cosa succede se le labbra non si toccano? Le due labbra rispondono alla mancata stimolazione, data dal reciproco contatto, in modo differente. Il labbro superiore tende a retrarsi. L'inferiore a rovesciarsi un pochino all'infuori.

Cosa succede alla voce cantata in questi casi? Se le labbra sono poco toniche può accadere che le parole della canzone risultino poco comprensibili. Le consonanti /p/, /b/, /f/, /v/ sono prodotte perfettamente solo da labbra ben toniche. Una loro resa imprecisa è sgradevole all'ascolto.

Inoltre, poiché, come ti ho spiegato prima, le labbra sono poste all'estremo confine delle cavità di risonanza, dal loro atteggiamento dipende un po' "l'esito finale" dell'attività dell'intero apparato di amplificazione. In particolare, labbra toniche:

- permettono al suono (qualunque sia la nota emessa) di penetrare perfettamente l'ambiente;
- favoriscono la corretta apertura della bocca nella ricerca degli

spazi;

- valorizzano al massimo tutto ciò che è stato realizzato nelle zone poste alle loro spalle.

Come possiamo tonificare le labbra? Ecco qualche esercizio.

Esercizio 12: Passa rapidamente dal bacio al sorriso, mantenendo le labbra perfettamente a contatto. Non schioccare il bacio, trattienilo sulla punta delle labbra più che puoi.

Esercizio 13: Massaggia il labbro superiore, dal naso verso il basso. Stiralo col dito sull'arcata dentaria, come se dovessi stenderlo con cura sui denti. Arricciało, come se dovessi trattenere una piccola matita tra labbro e naso. Alterna le due operazioni.

Esercizio 14: Inspira profondamente. Soffia con regolarità e il più lentamente possibile l'aria che hai inspirato, cercando di mantenere identica, per tutta la durata dell'espirazione, la forma delle labbra. Controllati allo specchio. È più difficile di quanto sembra. Non forzare, non serrare la mandibola, non corrugare la fronte.

Esercizio 15: Gonfia le guance, trattenendo l'aria all'interno della bocca. Ora spostala da destra a sinistra e viceversa, poi rigonfia il labbro inferiore, poi il superiore, come se stessi sciacquandoti la bocca dopo esseri lavato i denti. È faticoso, riposa ogni tanto.

Le cavità di risonanza sono spazi contenenti aria che agiscono come filtri per l'onda sonora (prodotta a livello delle corde vocali) che li attraversa. Si comportano come cavità di risonanza tutti gli spazi compresi tra il piano delle corde vocali e le labbra, purché in essi transiti aria.

La bocca non è però solo una cavità di risonanza. In essa, a opera principalmente della lingua e delle labbra, nascono i suoni del linguaggio (consonanti e vocali). Per questa ragione dobbiamo prestare molta attenzione alle abilità della lingua e delle labbra ed esercitarci se è il caso.

Molti miei allievi studiando canto sono riusciti a risolvere piccoli difetti di pronuncia ai quali prima non avevano dato importanza. Se hai qualche difficoltà a produrre una consonante (la /s/ e la /r/ sono le più complesse), parlane con il tuo maestro e con lui valuta se la tua lingua ha bisogno di un aiuto.

RIEPILOGO DEL CAPITOLO 4:

- SEGRETO n. 18: non si deve ridurre volontariamente lo spazio delle cavità di risonanza, al contrario bisogna cercare di aumentarne il volume, e di sfruttare al massimo le possibilità di amplificazione del segnale vocale che proviene dalla laringe.
- SEGRETO n. 19: non si deve irrigidire la mandibola ma lasciarla morbida; la bocca deve potersi aprire liberamente senza trattenere il suono.
- SEGRETO n. 20: apri le cavità del retrobocca, porta il velo del palato in alto e a lato, come per sbadigliare, e ottenere così la migliore amplificazione possibile.
- SEGRETO n. 21: sia che si canti un pianissimo, sia che si canti un fortissimo il pavimento della bocca non deve essere contratto.
- SEGRETO n. 22: non si deve dimenticare che “le parole nascono in bocca”, lingua e le labbra devono essere toniche.

CAPITOLO 5:
Come mantenere la voce in forma

Mantenerti sano deve essere il tuo principale interesse. Non c'è risultato estetico che giustifichi il rischio di far male alla voce. Cosa fare per vivere a lungo vocalmente?

Dormire, mangiare, bere, fumare

Per prima cosa posso affermare molto semplicemente che per cantare bene e a lungo occorre condurre una vita sana. Non amo essere generica, spiego subito cosa intendo. Seguire un ideale di salute significa rispettare almeno tre regole:

- rinunciare a tutte le abitudini voluttuarie che mettono a rischio la voce (fumare, utilizzare sostanze eccitanti, bere alcolici);
- nutrirsi in modo adeguato, facendo particolare attenzione a una sufficiente assunzione di proteine (i muscoli per mantenersi vigorosi hanno bisogno di una dieta che contenga una quantità adeguata di proteine e le corde vocali sono "muscoli");

- riposare, non solo recuperare la fatica tra un impegno vocale e l'altro ma dormire un numero sufficiente di ore per notte e tutte le notti.

SEGRETO n. 23: fare una vita sana è alla base della salute vocale, non esiste voce sana in un corpo che non si nutra in maniera corretta e non riposi.

Approfondiamo le ragioni delle norme che ti ho appena esposto. Non si deve fumare se si utilizza la voce in senso artistico. La ragione è facilmente intuibile. Il fumo inalato arriva in laringe ancora caldo. Le corde vocali si arrossano, i capillari si dilatano, parte dei liquidi che normalmente sono presenti al loro interno vanno a raccogliersi nei tessuti e le corde divengono gonfie e pesanti. Non è possibile arrivare alla zona più acuta della tua estensione se le corde sono infiammate.

Il fumo è particolarmente pericoloso per le donne perché le loro corde vocali sono più suscettibili al calore. Si gonfiano anche per esposizioni limitate. Essendo poi più piccole e più leggere di quelle degli uomini, ogni cambiamento della loro massa e del loro peso ha un effetto maggiore sulla voce. Se fumi, col tempo perderai gli acuti e la tua voce inizierà a farsi rauca. Naturalmente, se il fumo è veramente limitato a pochissime sigarette, anche il suo effetto è limitato. Una cosa sola ti raccomando: non fumare mai dopo aver cantato o dopo aver studiato a lungo (anche se la caduta della tensione ti suggerisce di farlo). Anche usare la voce parlata per periodi prolungati ha un effetto infiammatorio sulle corde vocali. A fine recita esse sono rosate, a volte leggermente gonfie. Se fumi, l'effetto del calore si somma a quello della fatica, mettendo in pericolo la tua salute vocale.

Non bisogna bere alcolici per almeno due ragioni. La prima è molto simile a quella che spiega perché non devi fumare: l'alcol, in particolare i superalcolici, ha un effetto infiammatorio sulla mucosa della faringe e della laringe, corde vocali comprese. Ma non solo per questo il suo consumo è sconsigliabile. Le bevande alcoliche alterano la capacità di autocontrollo. Bere prima dello spettacolo, se riduce (in modo ingannevole!) l'ansia da performance, fa decadere le capacità di "sentire" il proprio corpo. È più facile farsi male vocalmente, forzando troppo, usando la voce in modo imprudente. Anche mantenere un controllo ottimale sull'atteggiamento delle cavità di risonanza è impossibile. Non dimenticare infine che essere anche lievemente ubriachi riduce l'autocritica e ti espone al rischio di un'esibizione scadente.

È raccomandabile una dieta che non manchi di proteine. Le proteine infatti (anzi, gli amminoacidi che le compongono) sono i mattoni dei muscoli. Una dieta che ne prevede troppo poche a lungo andare ti rende più affaticabile, impedisce alla tua muscolatura di essere quella robusta struttura sulla quale si deve fondare la voce e arriva a indebolire i muscoli che controllano il movimento e lo stato di tensione/lunghezza delle corde vocali, con notevoli problemi per la voce. Se ti sottoponi a una dieta squilibrata o eccessivamente poco calorica, può comparire aria nella voce, può divenire difficile mantenere una buona intensità cantando e la fatica arriva prima.

Anche dormire e riposare è fondamentale. Corpo e mente hanno bisogno di una pausa e i benefici che se ne traggono sono tanto maggiori quanto più il sonno è notturno. Abituati agli orari, coricati in tempo per permetterti almeno sei-otto ore di riposo.

Comportamenti pericolosi

Veniamo ora ai comportamenti che mettono a rischio la voce nella vita quotidiana e che occorre evitare se dobbiamo fare della voce un'arte e, se siamo già artisti, se dobbiamo contare sempre su uno strumento sano e affidabile.

La cosa più pericolosa per la salute della voce è parlare a intensità elevata. Urlare non è un'evenienza così rara. Se ti accorgi di gridare quando fai il tifo per la tua squadra, non sempre sei consapevole di fare altrettanto quando chiacchieri in un locale rumoroso, in macchina, per la strada. Presta attenzione alle situazioni nelle quali non puoi mettere in pratica le norme di una corretta comunicazione. È in quelle occasioni che usi un'intensità eccessiva.

Ma quando una comunicazione è corretta? Quando le persone che stanno conversando tra loro sono abbastanza vicine, quando non sono immerse in un mare di rumore, quando possono guardarsi in viso, quando possono dedicarsi alla relazione senza troppe interferenze (telefono che squilla, televisione accesa ecc.). Non credere che siano situazioni irrealizzabili.

Affronta una conversazione impegnativa quando puoi dedicarle tutta la tua attenzione, quando sei in un luogo silenzioso, quando il tuo interlocutore ha voglia di ascoltarti. A tua volta, quando qualcuno ti parla, osservalo in viso, avvicinati, non farti distrarre da altro. Queste indicazioni non sono mai abbastanza ribadite, soprattutto in una società nella quale non è frequente il rispetto per le regole che stanno alla base di una relazione comunicativa corretta ed efficace.

SEGRETO n. 24: per essere un bravo cantante occorre essere anche un bravo comunicatore; rispettare le regole di conversazione ed evitare l'uso della voce troppo intensa nella vita di ogni giorno sono comportamenti alla base di una lunga vita artistica.

Infine evita di parlare a lungo mentre fai uno sforzo fisico, mentre corri, fai ginnastica, pedali. Il tuo corpo non è in grado, in queste condizioni, di assecondare le esigenze della tua voce. Limita il suo uso, se appena puoi. Quando fai fatica fisica, la respirazione sfugge al controllo. Si fa più alta, più superficiale. Il suo ritmo cambia, diviene più frequente. Le corde vocali sono meno elastiche. Addirittura possono chiudersi con forza (pensa a cosa fai sferrando un pugno, un calcio, sollevando un peso). I denti possono serrarsi. Non evitare la fatica fisica, ma non affrontarla conversando.

Fatica e superlavoro

È probabile che oltre a cantare tu faccia anche un altro lavoro. Se vuoi prepararti alla professionalità artistica ti consiglio, se ancora puoi scegliere, di dedicarti a un "secondo lavoro" non vocale. Affrontare una prova o uno spettacolo dopo un giorno di uso della voce in situazioni lavorative quotidiane è davvero affaticante e, alla lunga, non sostenibile.

Se già sei un professionista della voce non artistica (un insegnante, un educatore) e non puoi, naturalmente, cambiare professione, cerca almeno di dosare la fatica vocale di ogni giorno. Ad esempio, se hai tenuto a bada una classe turbolenta e ti sei stancato vocalmente, non programmare una prova col tuo gruppo musicale in serata. Datti sempre il tempo di un recupero, anche a costo di saltare qualche occasione musicale più accattivante.

Se affronti impegni professionali, ricorda che, di solito, le prove sono più faticose delle performance in palcoscenico. Dosa i tempi. Non programmarle se non sei in salute vocale. Se appena è possibile, non provare se la sera vai anche in scena. In ogni caso, anche durante le prove sii sempre professionale. Scalda la voce prima di iniziare, raffreddala a fine lavoro. Usa un indicatore di intensità (meglio un air-monitor) per non farti assordare dagli strumenti.

Occorre sempre accorgersi per tempo se stiamo lavorando troppo e, nel caso, mettere in atto i primi rimedi. Sintomi di superlavoro sono i seguenti:

- comparsa di affaticabilità eccessiva (moli di lavoro vocale, un tempo ben tollerate, divengono insostenibili, a meno di non sopportare una certo scadimento della qualità della voce);
- necessità di un aumento del tempo di recupero tra una performance e l'altra (segno che la voce, troppo stanca, ha bisogno di un riposo più lungo).

In entrambi i casi occorre avere il coraggio di fermarsi. Non devi vergognarti di essere prudente. La voce è delicata.

Capire quando non cantare

Ti chiederai ora come accorgersi che la voce si sta ammalando e quali sono i sintomi che devono farci allarmare. Prima di elencare le modalità nelle quali può comparire una vera e propria malattia vocale, voglio darti un consiglio. Se non sei sicuro della salute della tua voce, taci, non cantare! Il primo rimedio per qualunque malattia della voce è il riposo.

Ma quali sono i sintomi di malattia? Possiamo dividerli in due gruppi. Quelli propriamente vocali e quelli non vocali. Sono questi ultimi i più pericolosi. È facile sottovalutarli.

SEGRETO n. 25: i primi segni che ci stiamo ammalando possono non manifestarsi come alterazioni della voce.

Un problema può manifestarsi infatti con:

- senso di secchezza alla gola e alla bocca durante il canto o dopo aver cantato;
- voglia di tossire o tosse vera e propria;
- necessità di raschiare la voce prima di cantare (come a riscaldarla) o durante il canto;

- dolore al collo, al pavimento della bocca;
- male alla testa, alle tempie.

Tutti questi sintomi ci dicono che per cantare stiamo “facendo troppo”. Indicano che la laringe, da sola, non ce la fa a sostenere la voce (occorre chiamare a raccolta i muscoli del collo per chiudere le corde vocali e iniziare a cantare), oppure che è in corso una malattia infiammatoria dell’apparato vocale e che, cantando, gola, trachea o bronchi soffrono.

Se avverti questi disturbi cantando o dopo aver cantato, riposa qualche giorno, bevi a sufficienza, umidifica i locali in cui vivi, soprattutto la camera da letto e, prima di ogni altra cosa, riduci l’uso della voce in situazioni quotidiane.

Segnali più riconoscibili (ma più tardivi) che qualcosa non va sono le variazioni vere e proprie della qualità della voce. Esse si manifestano nei modi più diversi. All’inizio sono presenti solo nella voce cantata e compaiono solo dopo un uso prolungato. Successivamente diventano presenti già dall’inizio di una prova o di una sessione di studio, infine si fanno udibili anche nella conversazione. Tra questi almeno tre meritano attenzione perché sono i più precoci e anche i più facili da riconoscere:

- aria nella voce. È la prova che le corde vocali non arrivano a chiudersi completamente. Ciò può essere dovuto alla presenza di una irregolarità sul loro bordo (come un nodulo, un polipo) che ne impedisce il completo contatto, "intromettendosi" tra una corda e l'altra. Altre volte il sintomo è solo segno di fatica muscolare ed è dovuto a un eccessivo lavoro;
- voce rauca, umida. Questa alterazione della voce è accompagnata spesso da senso di peso al fondo della gola. È abitualmente correlata a un aumento della massa cordale per situazioni infiammatorie, a gonfiore localizzato (anche relativo a superlavoro). Può essere secondario anche alla presenza di qualcosa di più impegnativo e necessita sempre di una visita accurata;
- riduzione dell'estensione. Il fenomeno coinvolge prevalentemente la zona acuta della tessitura, con impossibilità a salire oltre un certo tono. Può essere conseguenza di affaticamento, di irregolarità del bordo cordale, di situazioni infiammatorie, ma anche di ridotto apporto proteico nell'alimentazione o mancanza di sonno.

Qualunque sia il problema che presenta la tua voce cantata, sottoponiti subito a una valutazione clinica. Tutto si risolve più efficacemente con una diagnosi precoce.

Non sottovalutare nessuna alterazione, anche se limitata alla voce cantata. Una cura ben condotta darà lunga vita alla tua carriera. E in ogni caso ricorda: non cercare di cantare se provi fatica, se la voce è alterata, se alla fine della performance la sua qualità decade.

SEGRETO n. 26: ogni volta che cantando la voce appare alterata occorre mettersi a riposo e consultare il medico.

Se la tua voce cambia qualità non pensare di risolvere il problema con farmaci consigliati da un amico e, soprattutto, non assumere bevande calde se sospetti di avere una forma infiammatoria. Non bere tisane bollenti col mal di gola! Aumenteresti l'arrossamento delle corde vocali che si farebbero ancora più pesanti e fragili. Se stai covando una laringite, bevi acqua fresca, non frizzante, mangia un ghiacciolo e assolutamente non fumare e non bere alcolici. Rinuncia al canto.

La manutenzione quotidiana della voce

Per concludere ecco tre regole di “manutenzione quotidiana della voce”. La voce va educata, curata se si ammala, ma anche, ogni giorno, protetta.

Scaldare la voce

Prima di studiare, di affrontare una prova e di cantare in palcoscenico, riscalda per qualche minuto la voce, ricordando che, se sei stanco, il riscaldamento deve essere più breve. Un riscaldamento prolungato esaurirebbe infatti tutte le risorse del tuo sistema muscolare, rendendo più difficile mantenere una buona resa vocale. Inizia a bocca chiusa, su una nota comoda, canta in piano. Presta attenzione alle sensazioni vibratorie che nascono a livello del palato, dietro ai denti, all’interno delle guance. Senti il suono invadere la bocca e la testa. Aumenta poi un poco l’intensità, ricercando agio nella fonazione anche a bocca aperta. Affronta la salita tonale solo dopo qualche minuto di riscaldamento su toni simili a quelli usati nella voce parlata. Arriva agli arpeggi con calma. Non serve produrre subito note acute. La voce va rodata nell’ottava centrale prima di affrontare la salita tonale.

Raffreddare la voce

Non dimenticartene mai. Bastano pochi minuti. Privilegia i toni medi e gravi, le intensità contenute, le emissioni a bocca chiusa. Massaggia il collo, muovi la testa, inclinala e ruotala a destra, poi a sinistra. Eliminerai le tensioni residue. Muovi le braccia, sciogli le contratture delle spalle. Apri la bocca, sbadiglia per distendere i muscoli che fanno capo alla mandibola.

SEGRETO n. 27: non è possibile affrontare il lavoro vocale senza riscaldamento ed è pericoloso, a fine lavoro, non raffreddare la voce.

Fare il "tagliando" della voce

Ogni tanto valuta se tutto va bene. Ricorda che una voce sana può essere emessa in piano su qualsiasi vocale, non si rompe portando il capo verso l'alto né ruotandolo. Utilizza la vocale /a/, quella che "smaschera i compensi". Inizia a fonare nella prima ottava, ruota il capo a destra e poi a sinistra. Estendilo e flettilo. Ora inclina lateralmente la testa, mantenendola al centro. Se la voce "tiene", affronta la seconda ottava rimanendo questa volta ben allineato. non ricorrere a intensità eccessiva pur di produrre la nota!

RIEPILOGO DEL CAPITOLO 5:

- SEGRETO n. 23: fare una vita sana è alla base della salute vocale, non esiste voce sana in un corpo che non si nutra in maniera corretta e non riposi.
- SEGRETO n. 24: per essere un bravo cantante occorre essere anche un bravo comunicatore; rispettare le regole di conversazione ed evitare l'uso della voce troppo intensa nella vita di ogni giorno sono comportamenti alla base di una lunga vita artistica.
- SEGRETO n. 25: i primi segni che ci stiamo ammalando possono non manifestarsi come alterazioni della voce.
- SEGRETO n. 26: ogni volta che cantando la voce appare alterata occorre mettersi a riposo e consultare il medico.
- SEGRETO n. 27: non è possibile affrontare il lavoro vocale senza riscaldamento ed è pericoloso, a fine lavoro, non raffreddare la voce.

Conclusione

Capire come la voce si produce è necessario per cantare senza rischi. Al termine del nostro percorso non avrai ottenuto certo risposta a tutte le tue domande, anzi, ne saranno nate di nuove. Una cosa però avrai conquistato: la consapevolezza che la voce nasce dall'intero corpo, che la respirazione è la sua energia, che le corde vocali sono delicate e preziose e che le cavità di risonanza sono il luogo nel quale esercitare la tua libertà.

Ora affronta con serenità il percorso didattico. Chiedi al tuo maestro, senza pudore, perché ti indica questo o quell'esercizio. Valuta se ciò che fai con lui ti affatica troppo. Esprimigli ogni tua perplessità. Sarai in grado di comprendere le sue risposte e di orientarti senza difficoltà. Fare da soli è impossibile, ora finalmente sei in grado di instaurare con lui un vero dialogo. Hai capito e sperimentato cosa è la voce.

www.ingramcontent.com/pod-product-compliance
Ingram Content Group UK Ltd.
Pitfield, Milton Keynes, MK11 3LW, UK
UKHW022012190726
13853UKWH00004B/1886